MOSAICO ITALIANO
Racconti

Filippo Caburlotto

Hacker
per caso

LIVELLO 4/4

BONACCI
B
EDITORE

Illustrazione in copertina di Raquel García Maciá

Printed in Italy

Bonacci editore
Via Paolo Mercuri, 8
00193 ROMA (Italia)
tel:(0039)06.68.30.00.04
fax:(0039)06.68.80.63.82
e-mail: info@bonacci.it
http://www.bonacci.it

© Bonacci editore, Roma 2003
ISBN 88-7573-382-1

1
L'e-mail

Era da tempo che si divertiva con il computer. Ci passava ore intere, giocherellando, programmando, o come diceva lui "smanettando"[1]. Certo non era un hacker[2] professionista, ma aveva le sue soddisfazioni.

Finalmente era arrivata la sua grande occasione: poteva dimostrare a tutti quanto era bravo: una delle più importanti società nel mercato del software lo aveva contattato per un colloquio.

Come tutte le mattine si era alzato, aveva bevuto il suo caffè ed aveva acceso il suo fido[3] amico.

«Anche questa mattina 45 messaggi. Spamming[4], spamming, spamming... e questo cos'è? »

```
              \\ # //
          \\##      ##//
          \\##      ##//
          \\##      ##//
      ---#### Flutsch! ####---
          //##      ##\\
          //##      ##\\
          //##      ##\\
           // # \\

             COLPITO!!!
   È UFFICIALMENTE APERTA LA BATTAGLIA
   A PALLE DI NEVE TELEMATICHE!!! :-)⁵
```

---

[1] Termine tipicamente informatico che indica la frenesia e l'andare per tentativi dei programmatori inesperti. Può anche indicare il continuo darsi da fare con il computer.

[2] Termine dalla doppia valenza. Originariamente programmatore di alto livello che operava smontando, aggiustando o migliorando programmi. Oggi, per la massa, ha assunto una valenza negativa riconducibile alla pirateria informatica.

[3] Fedele, fidato, di cui si può avere fiducia.

[4] Messaggio pubblicitario ricevuto in e-mail ma non desiderato e non richiesto.

[5] *Emoticon*: serie di simboli utilizzati per rappresentare lo stato emotivo di colui che scrive.

«Ma sono tutti impazziti? Però non è male, anzi ripensandoci è proprio una figata[6].»

Subito Morpheus, così si faceva chiamare in rete dopo aver visto quindici volte *The Matrix*[7], inviò la palla di neve a tutti i suoi conoscenti. Neanche due minuti ed altre tre palle!!!

«Ma allora volete la guerra… eccovi accontentati.» E giù[8] altre 4 o 5 e-mail con palle di neve.

Era un modo come un altro per scaricare la tensione. L'ora del colloquio si avvicinava ed i nervi si facevano sempre più tesi.

«Vabbe', leggiamo gli altri messaggi.»

Un'altra e-mail molto strana.

«Ma che diavolo di mattinata[9] è questa? Mah! Vediamo che cavolo[10] vogliono.»

Da: HT
A: Morpheus
Oggetto: Corso per hacker

È da tempo che ti stiamo osservando, che seguiamo le tue navigazioni.
Ti interesserebbe un corso per hacker?
Se sì, cancella subito questo messaggio ed attendi nostre notizie.
Se non sei interessato, non fare nulla, lo capiremo facilmente.

Chissà chi è che si diverte alle mie spalle. Vediamo chi scrive questo messaggio.»

Morpheus cercò invano di risalire all'IP[11] del mittente.

Nulla da fare, era stato nascosto a regola d'arte[12].

«Chi conosco che potrebbe fare una cosa del genere?»

Scorse mentalmente tutta la lista dei suoi conoscenti, ma nessuno gli sembrava in grado di fare una cosa simile.

---

[6] Modo di dire, tipico dei ragazzi, ma non usato in discussioni formali, per indicare una cosa bella, interessante.
[7] Grandissimo successo cinematografico del 1999. Realizzato dai fratelli Wachowski con Keanu Reeves e Laurence Fishburne.
[8] Modo colloquiale per dire "ancora".
[9] Significa "ma che mattinata" dando però una connotazione negativa.
[10] È una forma leggermente scurrile per dire "cosa vogliono".
[11] Numero identificativo di ogni utente.
[12] Benissimo.

«Che sia vero? No, non è possibile, chi è quel pazzo che spedirebbe una cosa del genere ad un perfetto sconosciuto?»

«Cavolo, sono già le 9, ho solo un'ora per arrivare dall'altra parte della città.»

La curiosità era più forte però del senso del dovere.

«Solo un'occhiatina, un altro piccolo controllo.»

Erano le 9.30 quando finalmente prese una decisione. «Ok proviamo a cancellarlo, vediamo cosa succede.»

A quel punto non restava che correre come un dannato[13], era in un ritardo abissale[14]. Per fare tutto il giro della città aveva bisogno almeno di un'oretta, mentre a disposizione ormai non gli restavano che 20 minuti scarsi.

«Alla faccia di Ben Johnson[15] ce la faccio, non ho neanche 30 anni, potrò fare una corsetta.»

Incredibile, ma vero, alle 10 esatte era davanti alla porta di uno stupendo palazzo, sede centrale della tanto agognata[16] softwarehouse.

2
Il colloquio

Dodici piani, sembrava infinito. Un invalicabile muro di specchi, su cui si riflettevano accecanti i raggi solari.

Morpheus ebbe un attimo di esitazione. Un respiro profondo e dentro.

Non riuscì a fare neanche due passi che venne subito fermato.

«Buongiorno, desidera?»

Anche se le parole suonavano amichevoli, lo sguardo di quella persona lo mise a disagio.

«Sono qui per un colloquio, un colloquio di lavoro, mi hanno chiamato la scorsa settimana dall'ufficio reclutamento».

---

[13] Correre velocissimo.

[14] Grandissimo ritardo.

[15] Si dice "alla faccia di qualcuno" per indicare che l'azione che si sta facendo è migliore di quella fatta dalla persona in questione.

[16] Fortemente desiderata.

«Prego, si accomodi. Al settimo piano la stanno attendendo».

L'ascensore sembrava non dovesse arrivare più a destinazione. Il suo cuore batteva sempre più forte per l'agitazione. Poteva essere l'occasione della sua vita. Doveva giocare al meglio le sue carte[17]. Ripassò mentalmente tutto quello che aveva deciso di dire, tutte le risposte che si era preparato.

Di colpo l'ascensore si fermò e le porte si spalancarono. Una immensa sala, piena di computer ed altri macchinari visti solo nei suoi sogni più belli. Quella vista non lo agitò più di tanto, anzi, strano ma vero, gli ritornò in mente quella strana e-mail ricevuta la mattina. «Chissà cosa mi aspetta quando ritorno» pensava.

Una voce di donna lo riportò alla realtà.

«Buongiorno, il direttore la attende, prego, le faccio strada».

Era una ragazza con una sguardo glaciale[18], dal quale non traspariva nessun pensiero o nessuna emozione.

Subito i due si incamminarono verso l'altro capo della stanza. Morpheus non poteva non guardare nei monitor di tutti quei computer accesi. Ad ogni scrivania era tentato di fermarsi, di guardare cosa stessero facendo tutte quelle persone, di rendersi conto se la sua preparazione potesse essere all'altezza dei suoi potenziali futuri colleghi.

Alla fine della stanza c'era una porta molto particolare. La donna si avvicinò ad uno spioncino e la porta come per miracolo si aprì. Era un lettore di cornea[19], uno dei sistemi di protezione di cui tutti hanno sempre sentito parlare, ma che pochissimi hanno avuto la possibilità di vedere e di adoperare.

Dall'altra parte della porta una luce soffusa, molto rilassante, un'immensa stanza, arredata in modo molto semplice, ma allo stesso tempo accattivante, ed alla fine una gigantesca scrivania, ai due lati della quale troneggiavano due fantastici monitor ultrapiatti; nel mezzo un portatile[20]. La presenza di quei computer attirò l'attenzione di Morpheus, che solo all'ultimo momento si accorse di trovarsi di fronte ad un vero comitato di valutazione.

---

[17] Significa "doveva dare il massimo".
[18] Freddo, distaccato, impenetrabile, indifferente.
[19] Strumento molto complesso che permette di riconoscere le persone in base all'analisi dell'occhio.
[20] Computer portatile: laptop.

Quando gli era giunta a casa la convocazione per questo collo-quio aveva immaginato che si potesse trattare di una cosa molto importante, ma mai si sarebbe immaginato di poter trovare davanti a sé ben cinque persone.

La segretaria, o quella che Morpheus riteneva tale, passò a fare le presentazioni.

Davanti a lui c'erano alcuni tra i più importanti esponenti del-l'informatica mondiale.

Uno di loro, il direttore del reparto sicurezza server, prese subito la parola.

«Come ben saprà la nostra è una delle aziende leader nel settore del software, ma, cosa a cui teniamo ancor di più, la più importante società per quanto riguarda la sicurezza dei server. Nessuno è mai riuscito a bucarci[21]. A questo dobbiamo molta parte della nostra fama e della nostra credibilità».

Il discorso durò ancora a lungo, ma Morpheus si distrasse, e la sua mente tornò a quella e-mail ricevuta alla mattina.

I suoi pensieri si accavallavano «il massimo dell'ironia ricevere un invito ad un corso per hacker il giorno in cui mi propongono un lavoro in una società specializzata in sicurezza».

Dal silenzio che era calato nella stanza intuì che il discorso era finito e che ora si aspettavano qualcosa da lui.

Morpheus si presentò, sciorinò tutti i bei discorsetti che si era pre-parato e quindi chiese la possibilità di utilizzare un computer per mostrare la presentazione che aveva preparato. Un curriculum digitale.

La presentazione terminò.

Le persone davanti a lui si misero a parlare tra di loro, a scam-biarsi opinioni.

Morpheus cercava di capire qualcosa, di leggere dalle labbra dei suoi interlocutori cosa si stessero dicendo, ma tutti i suoi tentativi sembravano vani. All'improvviso la persona che già gli aveva parlato si girò, lo ringraziò e gli disse di attendere una loro comunicazione, che quanto prima gli avrebbero fatto sapere[22].

«Ma come cavolo si fa a lasciare una persona con un dubbio di

---

[21] Termine tecnico per indicare la penetrazione di un estraneo, privo di autoriz-zazioni, all'interno di un server.
[22] "Far sapere" è un modo di dire tipico dei colloqui di lavoro per dire che saranno comunicate le decisioni.

questo genere? Non potevano dirmi se ero andato bene, se gli ero piaciuto, se quello che gli avevo mostrato lo avevano trovato interessante o se gli era sembrato una cavolata[23]?»

Anche se tutte queste domande gli passavano per la testa, Morpheus fu bravissimo a nascondere la propria agitazione, e per certi versi anche la sua rabbia. Salutò cordialmente tutti e si diresse verso la porta da cui era entrato.

3
Un nuovo messaggio

Ritornò a casa arrabbiato, inferocito, perché riteneva ingiusto il trattamento a cui era stato sottoposto. Voleva andare a fare un giro, a scaricare la rabbia, ma gli ritornò in mente la lettera.

Come all'andata, anche al ritorno impiegò pochissimo tempo, anche in questo caso la curiosità lo spingeva.

Non si tolse neanche la giacca ed accese subito il computer. Il caricamento del sistema operativo gli parve interminabile.

«Dài, muoviti e cosa sei diventato un bradipo[24]? Dài, piccolo, dài».

Finalmente la schermata[25] iniziale.

La prima cosa da fare era scaricare la posta.

«Questa no, questa neanche, e questo che cavolo vuole? Mah!...»

Verso la fine una e-mail con lo stesso soggetto di quella della mattina. «Eccola!»

Da: HT
A: Morpheus
Oggetto: Corso per hacker

Ti ringraziamo per aver accettato la nostra offerta.
Benvenuto nel primo corso internazionale di hacker. Nei prossimi 15 giorni imparerai tecniche, trucchi e segreti. ;-)
Cancella questa e-mail e aspetta nuove comunicazioni.

---

[23] Stupidaggine, cosa priva di senso.
[24] Tipo di scimmia famoso per la sua particolare lentezza. È uno degli animali più lenti al mondo.
[25] L'insieme di scritte e icone (disegni) che appaiono sul monitor dopo aver acceso il computer. È quello che si vede sul monitor.

«Ma allora è tutto vero, non è una bufala[26]. Che culo![27]»

Morpheus era totalmente incredulo, si realizzava uno dei suoi sogni. Dalla prima volta che aveva messo una mano sul computer, aveva sempre pensato a quello che avrebbe potuto fare, a come facevano quei mostri[28] a fare quelle diavolerie[29].

«Sarò anch'io uno di loro!»

L'emozione era tanta, le mani volavano[30] sulla tastiera digitando delle ricerche in rete, per vedere se era possibile trovare qualcosa su questo gruppo di hacker o su questo corso.

Pur essendo lui un utente[31] espertissimo non trovò assolutamente nulla.

Era una giornata decisamente trionfale. Forse aveva trovato lavoro in una importantissima società e, allo stesso tempo, aveva visto realizzarsi un sogno che cullava ormai da anni. Ma come far convivere queste sue due attività?

Morpheus non volle pensarci, era troppo emozionato. Lasciò il computer connesso ed uscì per raggiungere gli amici.

Erano sicuramente tutti al solito locale[32].

4
L'incertezza

«Cosa faccio quando arrivo? Gli racconto tutto e sento cosa ne pensano o sto zitto e aspetto di vedere come si evolvono le cose?».

La voglia di condividere con gli amici questo momento di gioia era grande, ma, allo stesso tempo, temeva di essere deriso[33].

«E se alla fine si dimostra tutta una bufala e quelli non mi assumono che figura ci faccio? Passerei sicuramente per lo stupido, lo

---

[26] Presa in giro, derisione.
[27] Nel gergo giovanile vuol dire "fortuna". Non si usa in discorsi formali.
[28] Modo colloquiale di indicare una persona bravissima a fare qualcosa.
[29] Modo di dire per indicare una "cosa fuori dal comune", una "cosa geniale" difficilissima da realizzare.
[30] Volare in questo caso significa andare velocissimo.
[31] È un termine molto utilizzato per indicare le persone che usano il computer.
[32] Nel gergo giovanile "bar", "pub", "punto di incontro". Indica un qualsiasi esercizio pubblico.
[33] Preso in giro.

sprovveduto[34]. Mah, forse è meglio che stia zitto, che aspetti. Ma come faccio a non dirlo a nessuno?».

L'indecisione era tanta. Rallentò il passo, in modo da fare una scelta prima di raggiungere il bar. La soluzione non era però facile e le domande che si poneva erano sempre più complesse e più numerose. Alla fine decise di non andare.

«Tagliamo la testa al toro[35], non vado, così ho il tempo di ragionarci con più calma e di vedere cosa succede. Se qualcuno mi chiama[36] gli dico che ho troppo da fare o gli invento qualche altra balla[37]».

Si diresse verso casa molto lentamente, cercando di farsi chiarezza, di capire cosa gli stava succedendo. Camminava senza guardare dove stesse andando, semplicemente faceva quella che gli sembrava la strada di casa. Dopo un'oretta[38] si ritrovò, invece, davanti all'entrata della softwarehouse dove aveva avuto il colloquio la stessa mattina.

«Ma cosa ci faccio qui? Sto dando i numeri[39]?»

Si fermò a guardare ancora una volta quella costruzione. Ora che il sole era calato, sembrava tutto più serio, più tetro[40]. Un brivido[41] gli passò lungo la schiena, ma non ci fece caso[42] e diede la colpa al freddo.

Come uscito da un sogno si diresse velocemente verso casa.

Appena arrivato corse in camera, controllò la posta elettronica, ma, tranne alcune lettere di scarso interesse non c'era nulla.

All'improvviso una folgorazione[43], un'idea.

«Che stupido, Linus, ecco con chi ne posso parlare, ma come ho fatto a non pensarci prima, chi può capirmi se non lui? Gli telefono subito».

---

[34] Ingenuo, inesperto.
[35] Modo di dire che indica una decisione drastica.
[36] Telefona.
[37] Bugia.
[38] Periodo di tempo leggermente inferiore all'ora.
[39] Dare i numeri: impazzire.
[40] Buio e minaccioso, che fa paura.
[41] Sensazione improvvisa di freddo, che può essere frutto di freddo, ma anche di paura (es.: i film del brivido sono film di paura, horror).
[42] Fare caso a qualcosa: dare attenzione a qualcosa.
[43] Intuizione improvvisa.

Linus era il soprannome della persona che aveva insegnato a programmare a Morpheus. Il nomignolo derivava dall'inventore del sistema operativo Linux, Linus Torvald, e gli era stato dato per la sua incredibile bravura con i computer.

- Pronto?

- Pronto, Ciao Linus, come va? È un po' che non ci si sente.

- Oh, chi non muore si rivede[44]. Io sto bene. Tu cosa mi racconti?

- È un periodo in cui sono un po' incasinato[45], me ne sono successe di tutti i colori[46]. Pensa che oggi ho avuto un colloquio con una importantissima softwarehouse e ho anche ricevuto una e-mail stranissima dove mi chiedono se voglio fare un corso per hacker.

- Non sarà una bufala? Qualcuno che si vuole divertire alle tue spalle? Certo che se fosse vero sarebbe una gran figata.

Morpheus raccontò tutto quello che gli era successo, per filo e per segno[47].

- E allora che ne pensi? Ti ho chiamato per avere un consiglio, tu sei molto più esperto di me.

- Da come hai raccontato la cosa sembrerebbe interessante. Fossi al tuo posto aspetterei per vedere cosa succede. Male che vada puoi sempre tirarti indietro. Certo che un po' rischioso lo può essere. Pensa solo se ti beccano[48] con qualche materiale di quel corso, rischi di finire in un bel casino[49]. Mi raccomando stai attento e fammi sapere qualcosa ogni tanto.

5
La prima lezione

La telefonata aveva un po' calmato Morpheus dandogli il modo di raccontare a qualcuno tutto quello che gli era accaduto. L'ultima frase però lo scosse un po'. Non aveva ancora pensato che molte delle atti-

---

[44] Tipico modo di dire per una persona che non si vede o non si sente da moltissimo tempo.

[45] Avere molte cose da fare.

[46] Sono successe tantissime cose.

[47] In modo dettagliato.

[48] Se ti scoprono.

[49] Modo colloquiale per dire "grosso problema". Non è da usare in discorsi formali.

vità degli hacker sono da considerarsi illegali.

«Certo che Linus ha ragione. E se mi beccano? Che cavolo mi invento? Che sia il caso di lasciar stare?»

In quel mentre una nuova e-mail. Morpheus la aprì immediatamente.

Da: HT
A: Morpheus
Oggetto: Corso per hacker

Ti ringraziamo per aver accettato la nostra offerta.
Salva l'allegato[50] È un piccolo programma che ti permetterà di leggere i prossimi file[51] che ti invieremo. Da questo momento riceverai solo e-mail criptate[52]. Alla prossima.

Morpheus controllò subito l'allegato ed effettivamente trovò un programmino. Lo salvò in una cartella nascosta del suo computer, dove pensava che nessuno lo avrebbe mai potuto trovare.

Immediatamente una seconda e-mail.

Morpheus la guardò, erano tutti quadratini, segni incomprensibili.

Salvò il file, ricercò il programma ricevuto poco prima e decriptò[53] il messaggio.

LEZIONE 1

Eccoti finalmente la prima lezione. Per il momento si tratta quasi solo di teoria, infatti prima di passare alla pratica devi impadronirti di alcuni concetti importanti :-)
Con il prossimo messaggio inizieremo a darci da fare. :-))
Buono studio. Alla prossima.
HT

Insieme a quel brevissimo messaggio Morpheus trovò alcuni file contenenti i concetti di base dei server, delle reti, e di un sacco di altre cose che, come gli avevano detto, gli sarebbero tornate utili quando avrebbe iniziato la pratica.

---

[50] File incluso in un messaggio di posta elettronica.
[51] In italiano le parole straniere non hanno il plurale.
[52] Protette da una codifica speciale che rende impossibile la lettura.
[53] In informatica significa rendere leggibile, interpretare un testo criptato (v. n. 52). Può essere anche scritto "decrittare".

Il primo istinto fu quello di stampare tutto per poterlo leggere con calma, ma le parole di Linus gli tornarono in mente. Non avrebbe dovuto lasciare nessuna traccia. Nessuno avrebbe dovuto sapere il suo segreto o avrebbe dovuto avere l'occasione di scoprirlo.

Si mise davanti allo schermo e cominciò a leggere. Più imparava e più era interessato al proseguimento. Sembrava un bambino che finalmente ha la possibilità di avere tra le mani un giocattolo tanto sognato.

Furono alcuni giorni di "studio matto e disperatissimo"[54]. Non si staccava dal computer se non dopo 8-10 ore. Leggeva quasi tutto il tempo. Dopo circa 4 giorni aveva già finito il materiale che gli era stato inviato; ma non lo aveva solo letto, lo aveva studiato, assimilato e certi passaggi li aveva quasi imparati a memoria.

«Chissà quando arriva la prossima lezione. Non resisto già più, speriamo non facciano passare molto, altrimenti do i numeri[55]».

Era incredibilmente impaziente.

Il mattino seguente trovò finalmente la tanto attesa seconda lezione.

6
Seconda lezione

Da: HT
A: Morpheus
Oggetto: Corso per hacker

LEZIONE 2
Se le cose sono andate come ci aspettiamo avrai sicuramente già terminato i testi che ti abbiamo inviato.
Iniziamo quindi a darci da fare.
In questa lezione inizierai ad imparare alcune tecniche basilari per piratare[56] password, scoprire buchi nei server…
HT

---

[54] Citazione di una famosissima frase di Giacomo Leopardi che indica un periodo si studio intensissimo.
[55] Dare i numeri: impazzire.
[56] Reperire in modo illegale.

La lettera era molto più lunga della precedente ed elencava le varie attività che avrebbe fatto nel resto del corso. In più conteneva alcuni allegati con delle indicazioni precise su come fare quei primi esercizi.

Morpheus non esitò un secondo e si lanciò subito nella nuova avventura.

«Vediamo se è davvero facile come ho sempre sentito dire, o se al primo tentativo faccio subito qualche cavolata».

All'inizio le sue mani tentennavano sulla tastiera, si spostavano da un tasto all'altro in modo goffo; sembrava quasi non avesse nessuna confidenza con il computer. Un po' alla volta, però, recuperò scioltezza[57], acquisì sempre maggiore sicurezza e dopo una trentina[58] di minuti sembrava già che nella sua vita non avesse fatto altro.

Quello che aveva sempre contraddistinto Morpheus era, infatti, oltre alla voglia di apprendere, la velocità con cui riusciva ad assorbire le nozioni che riteneva interessanti ed utili.

«Evvai[59]!!! sono dentro. Chissà se si sono accorti di qualcosa o se sono riuscito a farla franca[60]. Beh tra poco lo scoprirò…»

Era effettivamente riuscito a penetrare in un server e lo aveva fatto benissimo come un hacker esperto.

«Beh, non tentiamo troppo la fortuna, forse è meglio uscire».

Morpheus uscì dal server ed in quel mentre gli giunse una e-mail.

Da: HT
A: Morpheus
Oggetto: Corso per hacker

COMPLIMENTI!
Ottimo lavoro, tanti hacker affermati non avrebbero saputo fare di meglio!
HT

«Cavolo, c'erano anche loro e come un pollo non mi sono accorto di nulla! Però mi hanno fatto i complimenti!».

Morpheus era entusiasta di questa prima esperienza. Gli sembrava impossibile di aver imparato in così poco tempo le tecniche neces-

---

[57] Facilità di fare un'azione.
[58] Circa trenta.
[59] Esclamazione di felicità, di esultanza.
[60] Non essere scoperti.

sarie per fare un'operazione di quel tipo con la maestria[61] necessaria.

«Sono le due di notte, sarebbe bene che andassi un poco a dormire anche perché altrimenti nemmeno domani mattina riesco a fare nulla».

I buoni propositi di Morpheus però si scontravano con l'eccitazione provata poco prima. Gli era impossibile chiudere occhio, si sentiva come attraversato da una scossa elettrica. Decise allora di riprovare ad entrare nel server in modo da affinare[62] le sue tecniche. Anche questa volta andò tutto liscio: nessuno si accorse della sua presenza.

Le cose proseguirono così per alcuni giorni, mentre aumentava l'ansia per la nuova e-mail che avrebbe dovuto ricevere. Una mattina mentre stava lavorando finalmente arrivò il tanto agognato messaggio.

Morpheus fece per leggerlo quando il suono improvviso del telefono lo fece sussultare.

7
Il secondo colloquio

- Pronto?

Dall'altro capo del telefono rispose una voce di donna. Era la segretaria che Morpheus aveva incontrato il giorno del suo colloquio alla società di informatica.

- Desidereremmo poter riparlare con lei, in quanto i nostri esperti prima di darle una risposta definitiva vorrebbero conoscerla un poco meglio e capire quali siano le sue reali abilità ed attitudini.

Fissarono un appuntamento per quella stessa mattina.

Morpheus cercava di tagliare corto[63], aveva fretta di ritornare al computer, di leggere quella e-mail che aveva aspettato per giorni e quasi non si accorse che mancava pochissimo all'orario dell'appuntamento e che avrebbe avuto appena il tempo di vestirsi ed avrebbe già dovuto incamminarsi.

---

[61] Eccezionale bravura.
[62] Migliorare, perfezionare.
[63] Far finire una cosa velocemente. Espressione colloquiale.

La curiosità era più forte del senso del dovere. Corse al computer e aprì il nuovo messaggio.

Da: HT
A: Morpheus
Oggetto: Corso per hacker

LEZIONE 3
Eccoci arrivati alla terza lezione del nostro corso. Siamo sicuri che questa ti piacerà particolarmente dato che si tratta di sola pratica, per imparare trucchi, malizie e tecniche che ti possono rendere la vita più facile.
HT

A queste righe di presentazione faceva seguito una serie lunghissima di esercizi. Morpheus avrebbe cominciato subito a farli se non si fosse ricordato, quasi per caso, dell'appuntamento.

«Ma è possibile che ogni volta che devo andare da questi lo devo fare correndo. Cavolo!».

Si vestì con i primi vestiti che trovò e andò velocemente verso la sede della società.

Il secondo colloquio si svolse in modo differente dal primo. Il tono era più amichevole e anche i presenti si dimostrarono maggiormente interessati a quello che Morpheus aveva da dire e da mostrare.

Dopo circa un'ora sentirono bussare alla porta.

Entrò un uomo di mezza età[64] evidentemente agitato.

8
Una notizia inaspettata

«Scusate se vi disturbo, ma ci è giunta notizia di un gruppo di hacker molto famosi che sembra si siano riuniti per fare un corso via rete, in modo da riuscire ad addestrare nuove leve».

Il sangue di Morpheus sembrò congelarsi. Il cuore gli batteva all'impazzata. Iniziarono a tremargli le mani. Sentiva delle freddis-

---

[64] Tra i 45 ed i 55 anni.

sime gocce di sudore[65] scivolargli lungo il corpo.

«E se questi adesso mi scoprono? E se mi hanno già scoperto e questa è tutta una sceneggiata per vedere la mia reazione? Cosa faccio? Cosa posso inventarmi? E se avessero anche avvisato la polizia? Devo tagliare corto e andare via il prima possibile. Devo correre a casa a cancellare subito quelle e-mail. Ma sarà sicuro andare a casa o mi staranno aspettando?».

Il panico si impadronì di Morpheus. Anche se esteriormente sembrava la persona più calma del mondo, all'interno era più agitato[66] di un mare in tempesta. Non sapeva cosa fare e, soprattutto, non sapeva cosa potersi aspettare, come muoversi, cosa dire.

Nella sala calò un lungo silenzio che alla fine venne interrotto dal responsabile della sicurezza della società.

«È da molto tempo che abbiamo preso in considerazione una possibilità del genere e quindi siamo preparati per affrontarli. Se questi ragazzi pensano di poterci fregare[67] sbagliano di grosso. Se hanno il coraggio di sfidarci li scoveremo uno ad uno e gliela faremo pagare!»

Se prima Morpheus era agitato, dopo queste parole gli sembrò di impazzire. Il panico lo faceva stare male, avrebbe avuto bisogno di un bicchiere d'acqua, di una boccata d'aria, in poche parole: di trovarsi altrove; ma non era possibile.

Raccolse tutte le forze residue e recuperò una certa tranquillità.

Si dimostrò poco interessato alla notizia, anzi un poco infastidito da quella interruzione.

Il responsabile del personale notò questo suo atteggiamento e dopo aver parlato per pochi istanti con gli altri presenti si rivolse a lui chiedendogli scusa per l'inconveniente[68] ma che dovevano affrontare una situazione di emergenza.

«Sicuramente capirà la difficoltà di questo momento e la serietà della minaccia. Ci scusi ancora ma dovremo terminare la nostra conversazione in un altro momento».

Nessuna parola aveva mai avuto un suono più piacevole di

---

[65] Sudare freddo: avere paura.
[66] Inquieto, turbato.
[67] "Fregare" può avere molti significati. In questo caso vuol dire "avere la meglio".
[68] Disturbo.

quella. Ciò voleva dire andare via, riuscire a sfuggire a quella situazione che era divenuta insostenibile.

Morpheus controllò la propria emozione. Si alzò lentamente, salutò tutti cordialmente dicendosi dispiaciuto di non aver potuto continuare quell'interessantissimo dialogo e finalmente si diresse verso l'uscita.

Giunto alla porta si guardò furtivamente attorno cercando di intuire cosa avrebbe trovato dall'altra parte di quel pezzo di vetro.

Aprì la porta di scatto con un gesto quasi di sfida.

Niente. Non c'era niente, o meglio niente di strano o di inaspettato.

9
Che fare?

«Vuoi vedere che sono riuscito a farla franca[69]? Che non sospettano nulla? Anzi che non sanno assolutamente nulla e nemmeno lo immaginano. Forse mi sono fasciato la testa prima di rompermela[70]. Mah, speriamo bene.»

Si tranquillizzò un poco e si diresse verso casa.

Giunto in prossimità di casa gli tornò in mente quello che aveva pensato prima.

«E se mi stanno aspettando a casa? Come posso scoprirlo?»

Gli venne in mente di provare a telefonare. Se avessero controllato la sua posta elettronica avrebbero anche risposto al telefono per individuare chi gli telefonasse.

Tirò fuori il cellulare[71] e compose il numero. Se qualcuno avesse risposto avrebbe capito di dover scappare.

Driiin, driiin, driiin, driiin, driiin, driiin, driiin,....

Il telefono squillò circa dieci volte ma nessuno rispose.

Morpheus si avvicinò alla porta, ma prima di infilare la chiave accostò l'orecchio. Nessun rumore. Sembrava non ci fosse nessuno.

«Beh, c'è un solo modo per scoprirlo.»

---

[69] Scampare un pericolo.
[70] "Fasciarsi la testa prima di romperla" è un modo di dire che significa "preoccuparsi prima che qualcosa succeda".
[71] Telefono portatile.

Infilò la chiave e la girò. La serratura era chiusa. Non c'era nessuno in casa.

«Ok, quelli non sanno nulla e non sospettano nulla. Posso stare tranquillo»

Morpheus cercava di tranquillizzarsi, di convincersi di essere al sicuro.

Guardò verso la camera e quando vide il computer gli tornarono in mente le e-mail ricevute, soprattutto l'ultima, quella che non aveva avuto il tempo di leggere e di metter in pratica.

La paura era tanta, ma la curiosità aveva il sopravvento.

«E se mi beccano? Mah, di sicuro devo decidere cosa fare. Non posso lasciare le cose così come sono. Certo che buttare via tutto...»

Il pensiero di dover cancellare le e-mail lo rattristava. Non avrebbe mai voluto farlo anche se sapeva che era la soluzione più sicura. Decise allora di attendere, di lasciare passare l'agitazione in modo da poterci pensare con più calma. L'unica soluzione era quella di andare a fare due passi[72].

Scese le scale ed iniziò a camminare senza una meta precisa.

Era quasi l'ora di pranzo. Per la strada pochissima gente, per lo più studenti di ritorno da scuola o casalinghe che si dirigevano velocemente a preparare il pranzo. Morpheus era tanto pensieroso che quasi non si accorgeva di incrociare altre persone.

Si diresse verso un giardino pubblico. Era tanto tempo che non ci andava. Si ricordava che da piccolo i suoi[73] lo accompagnavano spesso a giocare con le giostrine, ma ormai quegli anni gli sembravano lontanissimi. Spostò leggermente un piccolo cancello di ferro ed entrò nel giardino.

I ricordi dell'infanzia catturarono[74] la sua attenzione. A guardarsi intorno tutto gli sembrava più piccolo di come lo ricordava.

«Ma qui c'era uno stagno[75], c'erano delle papere[76],...»

Era tutto ghiacciato, la temperatura era bassissima ma Morpheus quasi astratto[77] dalla realtà non se ne accorgeva.

---

[72] Fare una passeggiata.
[73] I suoi genitori.
[74] Attirarono, trattennero.
[75] Piccola pozza d'acqua poco profonda.
[76] Papera: oca giovane.
[77] "Astratto dalla realtà" è un modo di dire che significa "lontano dalla realtà", "immerso nei suoi pensieri, nella sua fantasia".

Il classico rumore di un modem che si connette alla rete[78] attirò la sua attenzione e lo riportò ai suoi pensieri.

«Vada come vada[79], adesso torno e leggo tutto quello che mi hanno spedito».

10
Nuove lezioni e test finale

Ritornò molto velocemente a casa, accese il computer e si mise a leggere l'e-mail arrivatagli. Mai nulla gli sembrò tanto interessante. Decise allora di connettersi per sperimentare subito tutte le novità. Insieme con l'altra posta arrivarono anche altri tre messaggi inaspettati: le lezioni numero 4 e 5 e un file contenente l'esame finale del corso.

«È già finito! Peccato!».

Morpheus alla vista di quei messaggi dimenticò completamente la paura e si concentrò sulle nuove lezioni. Era tutto molto interessante. C'erano delle soluzioni[80] che non avrebbe mai neanche lontanamente immaginato[81].

Il ricordo della società di informatica era ormai lontanissimo.

Continuò per tutto il giorno a leggere e la notte la utilizzò per provare le varie soluzioni che gli venivano prospettate. Filava tutto liscio come l'olio[82]; riusciva a fare tutto quello che gli veniva indicato.

La mattina seguente, dopo solo tre ore di sonno, era ancora davanti al computer. Non riusciva più ad allontanarsene. Era come una droga, più sapeva e più ne voleva sapere.

«Ed ora vediamo il test finale. Chissà cosa mi fanno fare».

L'esame consisteva nel provare a violare il server della sede centrale dell'Hyper-security Team.

«Ma è la società con cui sono andato a parlare... Certo che ne succedono di cose strane nella vita... Cavolo, ma rischio che questi mi

---

[78] Internet.
[79] Modo colloquiale per dire "succeda quel che deve succedere", "qualunque cosa succeda".
[80] In questo caso significa "tecniche", "accorgimenti".
[81] "Mai neanche lontanamente immaginato" è un modo di dire per dare maggiore enfasi al fatto che non avrebbe mai immaginato quella cosa.
[82] Andare benissimo.

becchino. E se mi scoprono poi cosa gli invento? Certo che sarebbe il massimo dell'ironia se trovassero un loro potenziale impiegato impegnato a tentare di violare un loro server.

Mah, devo pensarci bene, il rischio qui è molto alto anche perché loro sono i massimi esperti nel settore della protezione dei server e nessuno è mai riuscito a bucarli».

Morpheus era assalito[83] da mille dubbi.

Da un lato la cosa gli sembrava impossibile dato che tanti hacker molto più esperti di lui avevano provato senza riuscirci; dall'altro aveva sempre amato le sfide, soprattutto quelle più difficili.

La decisione era molto difficile, ma alla fine seguì il suo istinto. Avrebbe provato a bucare quel server.

«Ok, ci provo, costi quel che costi. Mal che vada perdo un posto che non ho mai avuto e che forse non mi sarebbe neanche piaciuto poi tanto».

11
L'ultima e-mail

Morpheus cercava di convincersi, ma la paura lo fermava.

All'improvviso trattenne il fiato ed iniziò la sua prova.

Faceva tutto molto lentamente anche perché era la prima volta che si muoveva completamente senza indicazioni.

Era difficilissimo; in tutti quei giorni che aveva sperimentato varie tecniche non si era mai trovato davanti delle situazioni come quelle che doveva affrontare ora.

Più volte si trovò sul punto di gettare la spugna[84], ma la sua testardaggine[85] lo portò a continuare. Non gli piaceva arrendersi, tantomeno in quel caso in cui avrebbe potuto fare qualcosa mai riuscito a nessuno.

All'improvviso una e-mail:

---

[83] Essere assalito da mille dubbi: avere tantissimi dubbi.
[84] Modo di dire che deriva dalla boxe e significa arrendersi.
[85] Ostinazione.

Morpheus lesse attentamente l'e-mail.

Rimase qualche minuto a fissare il monitor tra l'incredulo e l'im-
paurito. Poi prese il telefono e compose il numero della HT, il
famoso Hyper-security Team.

Rispose la segretaria che lo aveva contattato che, con il suo solito
fare glaciale, gli domandò cosa volesse.

«Vorrei parlare con il signor McDowel. È urgente».

Una pausa, un silenzio che sembrò non finire mai e poi:

«Salve. Cosa vuole? La mia e-mail non è stata abbastanza chiara?
Perché questa telefonata?»

«Le spiego subito signor McDowel. La chiamo per evitare una
denuncia da parte vostra e per dirle che i vostri server non sono poi
così sicuri. La password dell'amministratore è 4gw7fJFG68ws0.

Ovviamente volevo consigliarle anche di assumere un ottimo programmatore.

Buona giornata signor McDowel».

---

[86] L'impossibilità di superare le barriere di sicurezza.

ATTIVITÀ

1

1. Attività di comprensione. Rispondi alle seguenti domande.
1. Perché il protagonista si fa chiamare Morpheus?
2. Che lavoro fa il protagonista?
3. Con chi deve fare un colloquio di lavoro?
4. Perché il protagonista è in ritardo?

2. Fai le tue ipotesi.
1. Pensi che il corso per hacker sia vero?
2. Morpheus verrà assunto nella softwarehouse?
3. Secondo te come dovrebbe comportarsi il protagonista?

2

1. Attività di comprensione. Rispondi alle seguenti domande.
1. Cosa attira l'attenzione di Morpheus prima di arrivare allo studio in cui c'è il colloquio?
2. Il colloquio avviene con una sola persona?
3. Dopo il colloquio Morpheus riceve una risposta chiara?
4. Con quale stato d'animo esce Morpheus?

2. Fai le tue ipotesi.
1. Secondo te Morpheus avrà il contratto?

3

1. Attività di comprensione.

1. Morpheus torna a casa
❏ calmo
❏ arrabbiato
❏ indifferente

2. La mail che trova riguarda
❏ la sua passione di hacker
❏ l'assunzione nella ditta
❏ un invito dagli amici

3. Era una giornata trionfale perché...

2. Fai le tue ipotesi.

A questo punto Morpheus sta rischiando: da un lato deve lavorare contro gli hacker, dall'altro vuole diventare un hacker... Cosa faresti tu al suo posto? Cosa farà lui, secondo te?

4

1. Attività di comprensione. Rispondi alle seguenti domande.

1. Morpheus esce per andare dagli amici, poi non ci va. Perché?
2. Parla con qualcuno della situazione in cui si trova?
3. Linus lo incoraggia o lo mette in guardia?

2. Fai le tue ipotesi.

Pensi che Morpheus si stia comportando correttamente?

5

1. Attività di comprensione. Rispondi alle seguenti domande.

1. Cosa c'è allegato alla mail che Morpheus riceve?
2. Morpheus stampa gli allegati?
3. Quanto tempo serve per imparare la prima lezione?

2. Fai le tue ipotesi.

Ti riproponiamo le riflessioni che abbiamo fatto nei capitoli precedenti: secondo te, Morpheus si sta comportando bene? Che cosa gli succederà?

6

1. Attività di comprensione. Rispondi alle seguenti domande.

1. Morpheus ha esitazioni o si lancia subito nella nuova avventura?
2. Riesce a penetrare un server?
3. La mail che riceve è positiva o è una critica?

2. Fai le tue ipotesi.

1. Secondo te, da chi arriva la telefonata?

1. Attività di comprensione

1. Da chi arriva la telefonata?
2. Cosa gli propongono?
3. Cosa fa Morpheus: ❏ gli esercizi della lezione
                         ❏ va all'appuntamento

1. Attività di comprensione

1. La notizia inaspettata riguarda   ❏ il corso per hacker
                                       ❏ l'assunzione di Morpheus
                                       ❏ il crollo del server

2. Il colloquio   ❏ continua
                    ❏ viene interrotto

3. Perché Morpheus è così felice della fine del colloquio?

1. Attività di comprensione

1. Perché Morpheus chiama il telefono di casa sua?
2. Risponde qualcuno?
3. Va al parco pubblico a cercare qualcuno?

2. Fai le tue ipotesi.

A questo punto ci sono due possibilità: Morpheus perde ogni senso di responsabilità, oppure decide che è meglio abbandonare il corso per hacker e aspettare che la società di software lo chiami di nuovo. Cosa faresti tu?
Cosa farà Morpheus, secondo te, sulla base di quello che sai del suo carattere?

1. Attività di comprensione
1. Cosa trova Morpheus nella sua mail?
2. Come dorme quella notte?
3. Che server deve violare, come prova finale?

2. Fai le tue ipotesi.
A questo punto hai gli elementi per cercare di capire cosa succederà nell'ultimo capitolo. Provaci, e poi leggi la conclusione della storia.

1. Attività di comprensione
1. La Hyper-security Team   ❏ assume Morpheus
   ❏ non ha bisogno di Morpheus
   ❏ lo invita per un altro colloquio

2. Chi ha inviato il corso per hacker a Morpheus?
3. Chi vince alla fine, nella gara di abilità?   ❏ Morpheus
   ❏ Hyper-security Team

CHIAVI

1

1. 1. Si fa chiamare Morpheus dopo aver visto quindici volte *The Matrix*; **2.** È disoccupato; **3.** Con i responsabili di una softwarehouse; **4.** Perché ha perso troppo tempo leggendo la posta elettronica.

2

1. 1. I computer; **2.** No, sono cinque persone; **3.** No, gli dicono di attendere una loro comunicazione; **4.** È agitato e arrabbiato.

3

1. 1. arrabbbiato; **2.** la sua passione di hacker; **3.** forse aveva trovato un lavoro in una importantissima società ed aveva visto realizzare il suo sogno di poter diventare un hacker.

4

1. 1. Perché se le e-mail degli hacker sono finte e non viene assunto ha paura di passare per lo stupido; **2.** Sì, con il suo amico Linus; **3.** Lo incoraggia ma lo mette anche in guardia.

5

1. 1. Un programma che gli permette di leggere i file che gli vengono inviati; **2.** No; **3.** Circa quattro giorni

6

1. 1. Si lancia subito nella nuova avventura; **2.** Sì; **3.** È positiva.

7

1. 1. Dalla società di informatica; **2.** Di fare un secondo colloquio; **3.** Va all'appuntamento.

8

1. 1. Il corso per hacker; **2.** Viene interrotto; **3.** Perché ha paura di essere scoperto e vuole correre a casa a cancellare tutto.

9

1. 1. Perché se qualcuno avesse risposto avrebbe capito di dover scappare; **2.** No; **3.** No, va a fare due passi.

10

1. 1. Le ultime lezioni e l'esame finale del corso per hacker; **2.** Quasi non dorme. Dorme solo tre ore; **3.** Quello della società per cui ha fatto il colloquio di lavoro.

11

1. 1. Non ha bisogno di Morpheus; **2.** La Hyper-security Team; **3.** Morpheus.

L'italiano per stranieri

Amato
Mondo italiano
testi autentici sulla realtà sociale e culturale italiana
• libro dello studente
• quaderno degli esercizi

Ambroso e Di Giovanni
L'ABC dei piccoli

Ambroso e Stefancich
Parole
10 percorsi nel lessico italiano - esercizi guidati

Avitabile
Italian for the English-speaking

Balboni
GrammaGiochi
per giocare con la grammatica

Ballarin e Begotti
Destinazione Italia
l'italiano per operatori turistici
• manuale di lavoro
• 1 audiocassetta

Barki e Diadori
Pro e contro
conversare e argomentare in italiano
• 1 liv. intermedio - libro dello studente
• 2 liv. intermedio-avanzato - libro dello studente
• guida per l'insegnante

Barreca, Cogliandro e Murgia
Palestra italiana 1
esercizi di grammatica
livello elementare - pre-intermedio

Battaglia
Grammatica italiana per stranieri

Battaglia
Gramática italiana
para estudiantes de habla española

Battaglia
Leggiamo e conversiamo
letture italiane con esercizi per la conversazione

Battaglia e Varsi
Parole e immagini
corso elementare di lingua italiana per principianti

Bettoni e Vicentini
Passeggiate italiane
lezioni di italiano - livello avanzato

Blok-Boas, Materassi e Vedder
Letture in corso 1
corso di lettura
livello principianti - intermedio

Buttaroni
Letteratura al naturale
autori italiani contemporanei
con attività di analisi linguistica

Camalich e Temperini
Un mare di parole
letture ed esercizi di lessico italiano

Carresi, Chiarenza e Frollano
L'italiano all'Opera
attività linguistiche attraverso 15 arie famose

Cherubini
L'italiano per gli affari
corso comunicativo di lingua e cultura aziendale
• manuale di lavoro
• 1 audiocassetta

Chiappini e De Filippo
Un giorno in Italia 1
corso di italiano per stranieri - primo livello
• libro dello studente + cd audio
• guida per l'insegnante + test di verifica
• glossario in quattro lingue + chiavi

Cini
Strategie di scrittura
quaderno di scrittura - livello intermedio

Deon, Francini e Talamo
Amor di Roma
Roma nella letteratura italiana del Novecento
testi con attività di comprensione
livello intermedio-avanzato

Diadori
Senza parole
100 gesti degli italiani

du Bessé
Percorso GUIDAto guida di Roma
con attività ed esercizi di italiano

du Bessé
Percorso GUIDAto guida di Firenze
con attività ed esercizi di italiano

du Bessé
Percorso GUIDAto guida di Venezia
con attività ed esercizi di italiano

Gruppo META
Uno
corso comunicativo di italiano - primo livello
- libro dello studente
- libro degli esercizi e grammatica
- guida per l'insegnante
- 3 audiocassette

Gruppo META
Due
corso comunicativo di italiano - secondo livello
- libro dello studente
- libro degli esercizi e grammatica
- guida per l'insegnante
- 4 audiocassette

Gruppo NAVILE
Dire, fare, capire
l'italiano come seconda lingua
- libro dello studente
- guida per l'insegnante
- 1 audiocassetta

Humphris, Luzi Catizone, Urbani
Comunicare meglio
corso di italiano - livello intermedio-avanzato
- manuale per l'allievo
- manuale per l'insegnante
- 4 audiocassette

Istruzioni per l'uso dell'italiano in classe 1
88 suggerimenti didattici per attività comunicative

Istruzioni per l'uso dell'italiano in classe 2
111 suggerimenti didattici per attività comunicative

Istruzioni per l'uso dell'italiano in classe 3
22 giochi da tavolo

Jones e Marmini
Comunicando s'impara
esperienze comunicative
- libro dello studente
- libro dell'insegnante

Maffei e Spagnesi
Ascoltami!
22 situazioni comunicative
- manuale di lavoro
- 2 audiocassette

Marmini e Vicentini
Passeggiate italiane
lezioni di italiano - livello intermedio

Marmini e Vicentini
Ascoltare dal vivo
manuale di ascolto - livello intermedio
- quaderno dello studente
- libro dell'insegnante
- 3 audiocassette

Paganini
ìssimo
quaderno di scrittura - livello avanzato

Pontesilli
Verbi italiani
modelli di coniugazione

Quaderno IT - n. 4
esame per la certificazione - dell'italiano come L2
livello avanzato - prove del 2000 e del 2001
- volume+audiocassetta

Radicchi
Corso di lingua italiana
livello elementare
- manuale di lavoro
- 1 audiocassetta

Radicchi
Corso di lingua italiana
livello intermedio

Radicchi
In Italia
modi di dire ed espressioni idiomatiche

Spagnesi
Dizionario dell'economia e della finanza

Stefancich
Cose d'Italia
tra lingua e cultura

Stefancich
Tracce di animali
nella lingua italiana tra lingua e cultura

Svolacchia e Kaunzner
Suoni, accento e intonazione
corso di ascolto e pronuncia
- manuale
- set di 5 audio CD

Tettamanti e Talini
Foto parlanti
immagini, lingua e cultura
livello intermedio

Totaro e Zanardi
Quintetto italiano
approccio tematico multimediale - livello avanzato
• libro dello studente con esercizi
• libro per l'insegnante
• 2 audiocassette
• 1 videocassetta

Ulisse
Faccia a faccia
attività comunicative - livello elementare-intermedio

Urbani
Senta, scusi...
programma di comprensione auditiva
con spunti di produzione libera orale
• manuale di lavoro
• 1 audiocassetta

Urbani
Le forme del verbo italiano

Verri Menzel
La bottega dell'italiano
antologia di scrittori italiani del Novecento

Vicentini e Zanardi
Tanto per parlare
materiale per la conversazione
livello medio-avanzato
• libro dello studente
• libro dell'insegnante

Linguaggi settoriali

Dica 33
il linguaggio della medicina
• libro dello studente
• guida per l'insegnante
• 1 audiocassetta

L'arte del costruire
• libro dello studente
• guida per l'insegnante

Una lingua in pretura
il linguaggio del diritto
• libro dello studente
• guida per l'insegnante
• 1 audiocassetta

Pubblicazioni di glottodidattica

Balboni e Santipolo • **L'italiano nel mondo**

I libri dell'Arco

1. Balboni • **Didattica dell'italiano a stranieri**

2. Diadori • **L'italiano televisivo**

3. Micheli • **Test d'ingresso di italiano per stranieri**

4. Benucci • **La grammatica nell'insegnamento dell'italiano a stranieri**

5. AA.VV. • **Curricolo d'italiano per stranieri**

6. Coveri e altri • **Le varietà dell'italiano**

Classici italiani per stranieri

testi con parafrasi a fronte* e note

1. Leopardi • *Poesie**
2. Boccaccio • *Cinque novelle**
3. Machiavelli • *Il principe**
4. Foscolo • *Sepolcri e sonetti**
5. Pirandello • *Così è (se vi pare)*
6. D'Annunzio • *Poesie**
7. D'Annunzio • *Novelle*
8. Verga • *Novelle*
9. Pascoli • *Poesie**
10. Manzoni • *Inni, odi e cori**
11. Petrarca • *Poesie**
12. Dante • *Inferno**
13. Dante • *Purgatorio**
14. Dante • *Paradiso**
15. Goldoni • *La locandiera*
16. Svevo • *Una burla riuscita*

Libretti d'Opera per stranieri

testi con parafrasi a fronte* e note

1. *La Traviata**
2. *Cavalleria rusticana**
3. *Rigoletto**
4. *La Bohème**
5. *Il barbiere di Siviglia**
6. *Tosca**
7. *Le nozze di Figaro*
8. *Don Giovanni*
9. *Così fan tutte*
10. *Otello**

Letture italiane per stranieri

1. Marretta • *Pronto, commissario...? 1*
   16 racconti gialli con soluzione
   ed esercizi per la comprensione del testo
2. Marretta • *Pronto, commissario...? 2*
   16 racconti gialli con soluzione
   ed esercizi per la comprensione del testo
3. Marretta • *Elementare, commissario!*
   8 racconti gialli con soluzione
   ed esercizi per la comprensione del testo

Mosaico italiano

racconti italiani su 4 livelli

1. Santoni • *La straniera* - liv. 2
2. Nabboli • *Una spiaggia rischiosa* - liv. 1
3. Nencini • *Giallo a Cortina* - liv. 2
4. Nencini • *Il mistero del quadro di Porta Portese* - liv. 3
5. Santoni • *Primavera a Roma* - liv. 1
6. Castellazzo • *Premio letterario* - liv. 4
7. Andres • *Due estati a Siena* - liv. 3
8. Nabboli • *Due storie* - liv. 1
9. Santoni • *Ferie pericolose* - liv. 3
10. Andres • *Margherita e gli altri* - liv. 2 e 3
11. Medaglia • *Il mondo di Giulietta* - liv. 2
12. Caburlotto • *Hacker per caso* - liv. 4

Bonacci editore

Finito d stampare nel mese di marzo 2003 dalla Tibergraph s.r.l. - Città di Castello (PG)